Aberconwy Hous
& Conwy Suspension Bridge

Tŷ Aberconwy a Phont Grog Conwy

Conwy

YR YMDDIRIEDOLAETH GENEDLAETHOL
THE NATIONAL TRUST

Above The River Conwy
Uchod Afon Conwy

Right Aberconwy
House today
De Ty Aberconwy heddiw

TURBULENCE, TRADE AND TOLLS

Nestling on the banks of an estuary, the medieval walled town of Conwy has been a stopping point for centuries. It has been the target of turbulent attacks against its castle, the heart of a bustling sea-trading community, and a crossing-point for travellers.

Built in 1283 by Edward I, as part of a series of defences along the North Wales coast, the fortified castle dominates this picturesque spot. Within the medieval walls you may also uncover some of the stories of the people who once populated this vibrant town, now a UNESCO World Heritage Site.

After the castle and the church, Aberconwy House is the town's oldest building and the oldest of its kind in Wales. At this medieval merchant's house you can step back to the time when wealthy traders occupied it and later when a hardworking couple ran it as a Temperance Hotel.

Only a short distance away at the Conwy Suspension Bridge and Toll House you can see how trade and travel brought the town to life and discover how a husband and wife kept Thomas Telford's bridge open every day of the year, whatever the weather.

Still standing
You will find Aberconwy House in the heart of town at the junction of its two principal streets and close to the old quay gate, Porth Isa, or 'Lower Gate', through which all the seafaring traders once passed. Despite fires, rebuilding work all around it and even an attempt to dismantle it and ship it to America, this unique building has survived and is now Conwy's only remaining medieval merchant's house.

TERFYSG, MASNACH A THOLLAU

Yn sefyll ar lannau aber, mae tref gaerog ganoloesol Conwy wedi bod yn arhosfan i deithwyr ers canrifoedd. Cafwyd ymosodiadau cythryblus yn erbyn castell y dref, a fu'n galon i gymuned môr-fasnach prysur, ac yn groesfan i deithwyr.

Codwyd y castell caerog ym 1283 gan Edward I, yn un o gyfres o amddiffynfeydd ar hyd arfordir Gogledd Cymru, ac mae'n llywodraethu'r llecyn hardd hwn. Y tu hwnt i'w gaerau, mae'n bosib i chi hefyd ganfod rywfaint o hanes y bobl a fu unwaith yn byw yn y dref fywiog hon sydd, erbyn hyn, yn Safle Treftadaeth y Byd UNESCO.

Ac eithrio'r castell a'r eglwys, Tŷ Aberconwy yw adeilad hynaf y dref a'r adeilad hynaf o'i fath yng Nghymru. Yn y tŷ marsiandwr canoloesol hwn, gellwch gamu'n ôl i gyfnod pan oedd masnachwyr cyfoethog yn byw yno ac, yn ddiweddarach, i'r cyfnod pan oedd cwpl gweithgar yn rhedeg Gwesty Dirwest yno.

Nid nepell oddi yno ym Mhont Grog a Tholldy Conwy, gellwch weld sut yr anadlodd masnach a theithio fywyd i'r dref a chanfod sut y bu i ŵr a gwraig gadw pont Thomas Telford ar agor bob dydd o'r flwyddyn, ym mhob tywydd.

Dal i sefyll
Mae Tŷ Aberconwy'n sefyll yng nghanol y dref lle mae'r ddwy brif stryd yn cyfarfod ac yn agos at Borth Isa, sef hen borth y cei. Ar un adeg, byddai'r holl fasnachwyr mordwyol yn pasio trwy'r porth hwn. Er gwaethaf tanau, gwrthryfeloedd, gwaith ailadeiladu a hyd yn oed ymdrech i'w ddatgymalu a'i gludo i America, mae'r adeilad unigryw hwn wedi goroesi. Dyma'r unig dŷ marsiandwr canoloesol yng Nghonwy.

Above Conwy Suspension Bridge and Castle; a romantic mid-19th-century view
Uchod Pont Grog a Chastell Conwy; golygfa ramantaidd o ganol y 19eg ganrif

THE DATING GAME

Although the precise date of Aberconwy House is not certain, it is believed to have been completed in its present form some time in the 16th century. Parts of it, however, are thought to be as old as the 14th century.

One of the biggest clues in the dating game came when an extensive programme of repairs and restoration was carried out by the National Trust in 1976. When plaster was stripped off the upper storey, a special form of timber framing was discovered, known as Kentish Town. This suggested the house was much older than previously thought. It is a style often seen in English town buildings dating from the 13th to 16th centuries, but uncommon in Wales.

The choice of this style of timber framing can probably be traced back to the castle, which was completed in the late 13th century. Edward I recruited masons and carpenters from all over England and some stayed, bringing with them building traditions from south-east England.

Construction clues

The style of the house, which was constructed from stone and mainly oak timber, with a stone tile (now slate) roof, also gives us some good clues as to the original construction date. When you look at it from the outside, you can see that the lower section is built from stone. Above, however, is a projecting or *jettied* timber frame.

Jettying was a popular way of gaining space in cramped town houses. It also advertised the wealth of the owner. Aberconwy is unusual in being jettied on two sides.

Dendrochronology (tree-ring dating) has also revealed that the oldest datable timbers in the house were felled in the winter of 1417–18.

Above The upper storey of Aberconwy House has a projecting timber frame
Uchod Mae fframwaith pren llawr uchaf Tŷ Aberconwy yn ymwthio allan

PENNU DYDDIADAU

Er nad yw union ddyddiad Tŷ Aberconwy'n wybyddus, y gred yw iddo gael ei gwblhau rywbryd yn ystod yr 16eg ganrif. Credir bod rhannau o'r tŷ, fodd bynnag, yn dyddio o'r 14eg ganrif.

Daeth un o'r cliwiau mwyaf wrth bennu dyddiadau i'r amlwg pan aeth yr Ymddiriedolaeth Genedlaethol ati i gwblhau rhaglen gynhwysfawr o waith adfer ac atgyweirio ym 1976. Pan dynnwyd y plastr oddi ar y llawr uchaf, canfuwyd math arbennig o fframwaith coed, sef *Kentish Town.* Awgrymai hyn fod y tŷ yn llawer hŷn nag y tybiwyd. Mae'n ddull a welir yn aml mewn adeiladau yn nhrefi Lloegr sy'n dyddio'o'r 13eg i'r 16eg ganrif, ond nid yw'n gyffredin yng Nghymru.

Gellid olrhain y dewis hwn o fframwaith coed i'r castell, mae'n debyg. Cwblhawyd hwnnw ar ddiwedd y 13eg ganrif. Recriwtiodd Edward I seiri maen a seiri coed o bob cwr o Loegr ac arhosodd rai ohonynt a chyflwyno traddodiadau adeiladu o dde-ddwyrain Lloegr.

Cliwiau adeiladu

Mae adeiladwaith y tŷ, a godwyd o garreg a choed derw yn bennaf, gyda tho o deils cerrig (llechi erbyn hyn), hefyd yn rhoi syniad da i ni am y dyddiad adeiladu gwreiddiol. Pan edrychwch ar y tŷ o'r tu allan, gellwch weld fod y rhan isaf wedi'i godi o gerrig. Uwchlaw fe welwch ffrâm pren sy'n bargodi.

Yr oedd hyn yn ffordd boblogaidd o ennill lle mewn tai trefol clos ac yn arwydd o gyfoeth y perchennog. Mae Aberconwy'n anarferol gan ei fod yn bargodi ar ddwy ochr. Datgelwyd fod y coed hynaf y gellir eu dyddio yn y tŷ wedi'u torri yn ystod gaeaf 1417–18.

Left The timber-framed
upper storey is supported
on a stone ground floor.
Cutaway view by Falcon
Hildred
Chwith Cynhelir y llawr
uchaf sydd â fframwaith
pren gan lawr gwaelod a
adeiladwyd o gerrig. Golwg
rhandoredig gan Falcon
Hildred

Two views of Aberconwy House: about 1908 (*above*) and as it is today (*right*) Dwy olygfa o Dy Aberconwy: tua 1908 (*uchod*) ac fel y mae heddiw (*de*)

SAVING GRACE

By 1934 the building had become derelict and was in a bad state of repair. Essential strengthening of the fabric and repair and renewal of the roof and structural timbers were needed. Now the house reflects the different period styles from the 17th to the 19th centuries. Much of the collection used to evoke these times is on loan from the Museum of Welsh Life, St Fagan's, Cardiff.

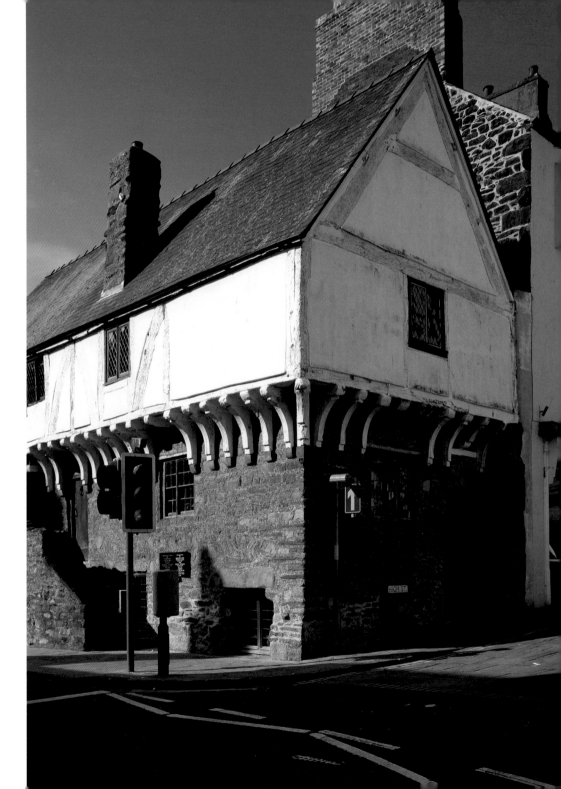

A MERCHANT'S HOME

All the signs suggest that Aberconwy House was the home of a wealthy merchant. Indeed the first recorded owner was Evan David, a very prosperous trader. Aberconwy was his town house, where he and his wife Elizabeth would entertain and stay whilst on business.

Records also show that Evan, who died on 13 March 1663, kept a farm at Benarth where he grew produce. He would bring vegetables to sell downstairs, in what is now the National Trust shop, a place of business even then.

Changing faces

Over the years, however, Aberconwy House has gone on to be more than just a family home. After Evan, it continued to be occupied: in the 18th and early 19th centuries the owner was Captain Samuel Williams, a merchant mariner dealing in slate, copper and lead. This was a heyday period for the port, and trade was bustling.

By the 19th century, this private home had opened its doors a little wider. It still kept its trading connections, but now as a coffee shop and Temperance Hotel providing lodgings and food for travellers passing through town. The house was then extended, occupying both Nos 1 and 2 High Street, and the ground floor became a bakery.

Since then it has been a museum and antique shop, before Mr Alexander Campbell Blair gave the building to the National Trust in 1934, following the threat of dismantling and re-erection in the United States.

CARTREF MARSIANDWR

Mae popeth yn awgrymu mai cartref i farsiandwr cyfoethog oedd Tŷ Aberconwy. Yn wir, y perchennog cyntaf a gofnodwyd oedd Evan David, masnachwr llewyrchus iawn. Aberconwy oedd ei dŷ yn y dref, a byddai ef a'i wraig Elizabeth yn croesawu gwesteion ac yn aros yno tra ar fusnes.

Dengys cofnodion hefyd fod Evan, a fu farw ar 13 Mawrth 1663, yn cadw fferm yn Benarth lle tyfai gynnyrch. Byddai'n cludo llysiau i'w gwerthu ar y llawr gwaelod, sef siop yr Ymddiriedolaeth Genedlaethol erbyn heddiw, lle busnes bryd hynny hyd yn oed.

Gwahanol wynebau

Dros y blynyddoedd, fodd bynnag, mae Tŷ Aberconwy wedi bod yn fwy na chartref teuluol. Yn y 18fed ganrif ac ar ddechrau'r 19eg ganrif y perchennog oedd Capten Samuel Williams, masnachforwr a oedd yn delio mewn llechi, copr a phlwm. Roedd y porthladd yn ei anterth bryd hynny, a'r masnachu'n fywiog.

Erbyn y 19eg ganrif, yr oedd y cartref preifat hwn wedi agor ei ddrysau ychydig yn ehangach. Yr oedd y cysylltiadau masnachol yn parhau ond, erbyn hyn, ar ffurf siop goffi a Gwesty Dirwest a oedd yn cynnig llety a bwyd i deithwyr a alwai heibio'r dref. Cafodd y tŷ ei ymestyn bryd hynny, i gwmpasu rhif 1 a 2 o'r Stryd Fawr, a throwyd y llawr gwaelod yn fecws.

Ers hynny, mae wedi bod yn amgueddfa ac yn siop hen bethau, cyn i Mr Alexander Campbell Blair roi'r adeilad i'r Ymddiriedolaeth Genedlaethol ym 1934, yn dilyn y bygythiad o'i ddatgymalu a'i ail-godi yn yr Unol Daleithiau.

Above **Castle Street in the late 19th century**
Uchod **Stryd y Castell tua diwedd y 19eg ganrif**

GRAS ACHUBOL

Erbyn 1934, yr oedd yr adeilad yn wag ac mewn cyflwr drwg. Yr oedd angen cyflawni gwaith hanfodol i gryfhau'r ffabrig ac i atgyweirio'r to a'r adeiladwaith. Mae'r tŷ, erbyn hyn, yn adlewyrchu gwahanol gyfnodau rhwng y 17eg ganrif a'r 19eg ganrif. Mae rhan fwyaf o'r dodrefn ar fenthyg o Amgueddfa Werin Cymru, Sain Ffagan, Caerdydd.

TOUR OF THE HOUSE

You enter the house via a set of stone steps, bringing you into the first-floor rooms, with the Dining Room to your right and the Kitchen to the left. Before the steps were built, this floor was reached via an internal staircase. The steps were a distinctive addition and even earned one resident, Samuel Williams, the nickname Sam Pen y Grisiau, or 'Sam from the top of the stairs'.

The Kitchen
Furnished as it might have been in the 18th century, whilst still occupied as a merchant's house, it is not hard to imagine the Kitchen as the focal point of daily activities.

Hanging Bread
In front of the fireplace is an unusual-looking oak-framed and slatted cage peculiar to Wales. This was the bread crate, fixed to the ceiling with a pulley system. In order to keep the bread, an unleven barley oat variety, away from vermin, it would be suspended on high.

The unusual task of hanging the bread would have been one of the chores undertaken by the children of the household.

The position above the fire would also provide a good circulation of air and help prevent it going mouldy. Since bread was a staple part of the diet, with each member of the household eating approximately two kilos a day, it was important to keep it as fresh and edible as possible.

TAITH O AMGYLCH Y TŶ

Ewch i mewn i'r tŷ trwy ddringo grisiau cerrig, sy'n dod â chi i ystafelloedd y llawr cyntaf. Mae'r Ystafell Fwyta ar y dde i chi a'r Gegin ar y chwith. Cyn codi'r grisiau allanol, yr oeddech yn cyrraedd y llawr hwn trwy fynd i fyny grisiau y tu mewn i'r tŷ. Yr oedd y grisiau allanol yn ychwanegiad amlwg a rhoddwyd llysenw ar un o'r trigolion, sef Samuel Williams, Sam Pen y Grisiau.

Y Gegin
Wedi'i ddodrefnu fel ag y gallai fod yn y 18fed ganrif, pan oedd yn dal i gael ei ddefnyddio fel tŷ marsiandwr, nid yw'n anodd dychmygu mai'r Gegin oedd canolbwynt y gweithgareddau beunyddiol.

Hongian Bara
O flaen y lle tân mae cawell gyda ffrâm dderw sy'n anarferol iawn yr olwg ond a oedd yn nodweddiadol o Gymru. Hon oedd y gawell fara, ac yr oedd ynghlwm i'r nenfwd gyda system pwli. Er mwyn cadw llygod draw oddi wrth y bara, sef math o fara croyw wedi'i wneud o haidd a cheirch, byddid yn ei hongian yn uchel. Byddai'r dasg anarferol o hongian y bara wedi cael ei chyflawni gan y plant yn y cartref.

Byddai ei osod uwch y tân hefyd yn caniatáu digon o awyr o'i gwmpas ac yn helpu i'w rwystro rhag llwydo. Gan fod bara yn brif ran o'r deiet, a phob aelod o'r teulu yn bwyta oddeutu dau gilo bob dydd, yr oedd hi'n bwysig ei gadw mor ffres a bwytadwy ag y bo modd.

Above **The bread crate**
Uchod **Y gawell fara**

Left **The Kitchen**
Chwith **Y Gegin**

LLOSGI'R GANNWYLL YN EI DEUPEN

Ydych chi wedi meddwl erioed o le daeth y dywediad 'Llosgi'r gannwyll yn ei deupen'? Ar fwrdd y gegin, fe welwch yr ateb, ar ffurf 'cannwyll frwyn'.

Rhwng 1709 a 1831 yr oedd treth i'w thalu ar ganwyllau, felly byddai'r plant yn cael eu hanfon allan i gasglu a sychu gwelltydd. Byddai'r rhain yn cael eu trochi mewn brasder anifeiliaid. Yna, byddai un pen o damaid metr o hyd yn cael ei osod mewn *'pinswrn brwyn'* a'i danio. Ymhen ychydig, byddai digon o'r brwyn wedi llosgi i ganiatáu tanio'r ddau ben. Yna byddai'r 'cannwyll' yn llosgi yn ei deupen.

9

Right The Dining Room
De Yr Ystafell Fwyta

The Dining Room

Leaving the Kitchen, you return to the Dining Room, the room kept for 'best' and furnished as it would have been when the merchant mariner entertained his guests in the 18th and early 19th centuries. The ceiling here has a large diagonal beam, which illustrates the jettied timber-frame construction, another reminder of the former wealth of its residents (see p.4).

The fine oak dresser by the entrance is an indication of the prosperity of its original owners. Made in 1797 by Mos(es) Evans of Llangerniew (Llangernyw, Denbighshire), it has the more unusual addition of a centre-piece clock.

The new oak staircase, which follows a 17th-century local design, leads to the Great Loft and was installed by the National Trust in 1976 to meet safety requirements. Previously, an open-plan stair provided access.

The Great Loft

When Evan David died in 1663, a probate inventory recorded the contents of each room. Whilst the precise items have not survived, the Great Loft is furnished with equivalent pieces to show what the house might have been like at the time of his death.

Yr Ystafell Fwyta

Wrth adael y Gegin, rydych chi'n dychwelyd i'r Ystafell Fwyta, yr ystafell 'orau', ac sydd, erbyn hyn, wedi'i dodrefnu fel ag y byddai pan arferai'r masnachforwr groesawu ei westeion yn y 18fed ganrif ac ar ddechrau'r 19eg ganrif. Mae trawst mawr yn ymestyn yn groeslinol ar draws y nenfwd, sy'n dangos yr adeiladwaith ffrâm pren bargodol, nodwedd arall i'n hatgoffa o gyfoeth y trigolion (gweler t.4).

Mae dreser hardd o derw ger y fynedfa yn arwydd pellach o gyfoeth perchenogion Tŷ Aberconwy. Fe'i gwnaed ym 1797 gan Mos(es) Evans o Langerniew (Llangernyw, Sir Ddinbych), ac mae nodwedd mwy anarferol yn perthyn iddo, sef bod cloc yn ganolbwynt iddo.

Y mae'r grisiau derw newydd hon, sy'n dilyn cynllun o'r 17eg ganrif, yn arwain at yr Oriel ac fe'i gosodwyd gan yr Ymddiriedolaeth Genedlaethol ym 1976 i fodloni gofynion diogelwch. Cyn hynny, grisiau cynllun-agored oedd yn darparu mynediad.

Yr Oriel

Pan fu Evan David farw ym 1663, cofnodwyd cynnwys pob ystafell mewn rhestr brofiant. Er nad yw'r union eitemau hynny wedi goroesi, mae'r Oriel wedi'i dodrefnu gyda darnau cyfatebol i ddangos yn fras sut yr edrychai'r tŷ adeg ei farwolaeth.

Above A postcard of the Dining Room in the early 20th century, when it was being used as an antique shop
Uchod Cerdyn post o'r Ystafell Fwyta tua dechrau'r 20fed ganrif, pan oedd yn cael ei defnyddio fel siop hen bethau

The Great Chamber

In the 15th century this room would have been one great chamber, with no dividing wall, in which everyone lived, slept and ate.

Wattle and Daub

In this communal living space there was little privacy. You can see in the wall which now partitions the Great Chamber an exposed section of wattle and daub. This technique was used to divide the Great Loft in the early 16th century and create a separate living space. The fireplaces and chimneys were added before partition.

The Bedroom

The room created by this partition has now been furnished in late 19th-century style to show how it would have looked when William and Jane Jones ran Aberconwy House as a Temperance Hotel from 1850 to 1910.

The Temperance movement promoted moderation or abstinence from alcohol and Temperance hotels gained a reputation for cleanliness, wholesomeness and simplicity. On the wall outside the room, a poster promotes a further virtue of good living – punctuality.

The Cellar

The end room, now open to the roof, is curiously described in the probate inventory as the cellar. Today we normally think of a cellar being at the bottom of the house, but for a merchant the safety of his storeroom was vital and the higher the better. The enormous mid-17th-century oak chests were used to store corn to be paid as tithe (church tax) or as grain or flour bins. Here you can watch a ten-minute video about the house, with rare early pictures.

Y Siambr Fawr

Yn y 15fed ganrif, un siambr fawr fyddai'r ystafell hon, heb bared, ac yno y byddai pawb yn byw, yn cysgu ac yn bwyta.

Bangorwaith a Dwb

Ychydig iawn o breifatrwydd a gaed yn y llecyn cymunedol hwn. Gellwch weld yn y pared, sydd erbyn hyn yn gwahanu'r Siambr Fawr, rywfaint o fangorwaith a dwb Defnyddiwyd y dechneg hon i wahanu'r Oriel ar ddechrau'r 16eg ganrif a chreu lle ar wahân i fyw ynddo. Ychwanegwyd y llefydd tân a'r simneiau cyn y pared.

Yr Ystafell Wely

Mae'r ystafell a grëwyd gan y pared hwn wedi'i dodrefnu, erbyn hyn, yn arddull diwedd y 19eg ganrif er mwyn dangos sut yr edrychai pan oedd William a Jane Jones yn rhedeg Tŷ Aberconwy fel Gwesty Dirwest rhwng 1850 a 1910. Hybai'r mudiad Dirwest gymedroldeb gydag alcohol, neu ymwrthod yn llwyr ag ef, a chafodd y gwestai Dirwest enw da am eu glendid, eu buddioldeb a'u symlrwydd. Ar y wal y tu allan i'r ystafell mae poster sy'n hyrwyddo, un o rinweddau eraill byw'n dda - sef prydlondeb.

Y Seler

Caiff yr ystafell ar y pen, sy'n agored i'r to erbyn hyn, ei disgrifio, yn ddigon rhyfedd, yn y rhestr brofiant fel y seler. Byddwn yn meddwl am seler, y dyddiau hyn, fel ystafell ar waelod y tŷ, ond i farsiandwr yr oedd diogelwch ei storfa yn hollbwysig, a gorau po uchaf yr oedd honno. Defnyddiwyd y cistiau derw anferth o ganol yr 17eg ganrif i storio ŷd i'w dalu fel degwm (treth yr eglwys) neu fel cistiau grawn neu flawd.

Above A postcard of the
Great Chamber in the early
20th century
Uchod Cerdyn post o'r
Ystafell Fawr ar ddechrau'r
20fed ganrif

Left The Bedroom is typically
that of a travelling man in
the 1890s. It comes
complete with a commode
and a wash bowl
Chwith Mae'r Ystafell Wely
yn nodweddiadol o ystafell
wely teithiwr yn y 1890au.
Mae'n cynnwys comôd a
phowlen ymolchi

Right The bridge is
dominated by Conwy Castle,
which inspired its castellated
towers
De Mae'r bont yng nghysgod
Castell Conwy, a
ysbrydolodd ei thyrrau
castellog

A DIFFICULT JOURNEY

While trade brought visitors to town, it was not always an easy journey. Before 1826 when anyone arrived, a formidable natural barrier stood in their way: the River Conwy.

Ferry crossing

Since medieval times the same spot has been used for crossing the river. Now Thomas Telford's suspension bridge spans the gap where previously ferrymen would have provided transport across the tidal waters.

Grounding their boats on the muddy banks downstream, their passengers would have to wade out to meet them. Horses and pack animals on board were flogged to force them to leap off and into the deep water, whilst the bigger carriages and carts were hauled into flat-bottomed boats.

As traffic increased in the 18th century, the inconveniences and dangers of the crossing were made even worse by the sheer numbers of travellers. These included linen merchants bound for Chester, London gentlemen bound for Ireland aboard the stagecoach, and ladies with baskets of eggs and butter. The ferrymen themselves could add further discomfort to the experience and were often unpredictable and disagreeable.

The need for a bridge

In order for business and communications to flourish, the need for a bridge became increasingly important, and in 1821 it was officially sanctioned by the government. Telford surveyed various sites, but decided a crossing under the castle was the best spot, providing good foundations for the bridge abutments.

TAITH ANODD

Er bod masnach wedi denu ymwelwyr i'r dref, ni fu'n siwrnai hawdd bob amser. Cyn 1826, pan gyrhaeddai pawb, safai rhwystr naturiol ac arswydus yn eu ffordd: Afon Conwy.

Croesi â Fferi

Ers y canoloesoedd, yr un man a ddefnyddiwyd i groesi'r afon. Erbyn hyn, mae pont grog Thomas Telford yn ymestyn dros y bwlch lle'r arferai'r fferiwyr ddarparu cludiant ar draws dyfroedd y llanw.

Gan dirio eu cychod ar y glannau lleidiog i lawr yr afon, byddai'n rhaid i'w teithwyr gerdded trwy'r dŵr i'w cyfarfod. Cawsai ceffylau ac anifeiliaid pwn eu chwipio ar y cwch i'w gorfodi i neidio i mewn i'r dŵr dwfn, tra bo'r cerbydau a'r certi trymach yn cael eu llusgo i'r cychod bonfflat.

Wrth i'r drafnidiaeth gynyddu yn ystod y 18fed ganrif, gwaethygu a wnaeth yr anghyfleustra a'r peryglon o groesi'r afon oherwydd niferoedd y teithwyr. Ymysg y rhain yr oedd marsiandwyr lliain a oedd yn teithio i Gaer, gŵyr bonheddig o Lundain a deithiai i Iwerddon ar y goets fawr, a boneddigesau gyda basgedi o wyau a menyn. Gallai'r fferiwyr eu hunain ychwanegu rhagor o anghysur i'r profiad gan eu bod yn aml yn oriog ac yn annymunol.

Yr angen am bont

Er mwyn i fusnes a chysylltiadau allu ffynnu, daeth yr angen am bont yn fwy ac yn fwy pwysig ac, ym 1821, cafwyd caniatâd swyddogol y llywodraeth. Bu Telford yn arolygu sawl safle, ond penderfynodd mai'r lle gorau i groesi oedd dan y castell, gan fod yno sylfeini da i ategwaith y bont.

Above Conwy before the bridge; painting by Nicholas Pocock
Uchod Conwy cyn bod pont; llun wedi ei beintio gan Nicholas Pocock

ENGINEERING SKILLS

Work on the suspension bridge progressed simultaneously with that on Telford's Menai Strait bridge so as to create the 'great highway' between Chester and Holyhead. In Conwy this required a new road through the town. In order to accommodate it, Telford had to demolish a length of medieval castle wall, the rivergate, which previously provided access from the castle to the sea.

Suspension bridges

The use of iron chains in a suspension bridge was revolutionary. Thomas Telford, a shepherd's son born in Dumfriesshire, pioneered this technique, becoming one of the greatest engineers Britain has ever seen.

Between the two supporting towers, designed to look like castellated medieval gateways and once stained to match the colour of the castle, the bridge spans 100 metres. The roadway is suspended using eight chains, made from Shropshire iron and formed by links, each consisting of five bars of iron, nine cm wide and two and a half cm thick.

The road deck Telford originally laid was wooden, with two layers of fir planking supporting a third layer of planking on which the metalled carriageway was laid. This was renewed once before being replaced by tarmac.

SGILIAU PEIRIANNEG

Aeth gwaith ar y bont grog rhagddo ar yr un pryd â'r gwaith ar bont y Borth, hefyd gan Telford, er mwyn creu'r 'brif-ffordd' rhwng Caer a Chaergybi. Yng Nghonwy, yr oedd angen ffordd newydd drwy'r dref. Er mwyn gwneud lle iddi, yr oedd yn rhaid i Telford ddymchwel rhan o fur y castell canoloesol, sef 'porth yr afon' a oedd gynt wedi darparu mynediad o'r castell at y môr.

Pontydd Crog

Yr oedd defnyddio cadwynau o haearn mewn pont grog yn ddatblygiad chwyldroadol. Thomas Telford, mab i fugail a aned yn Swydd Dumfries, a arloesodd gyda'r dechneg hon, a daeth i fod yn un o'r peirianwyr mwyaf a welwyd ym Mhrydain erioed.

Rhwng y ddau dŵr sy'n ei chynnal, ac wedi'i chynllunio i edrych fel y pyrth canoloesol castellog a staeniwyd, ar un adeg, i gydweddu â lliw y castell, y mae'r bont yn ymestyn dros 100 metr. Mae'r ffordd ei hun yn hongian o wyth cadwyn, a wnaed o haearn Swydd Amwythig ac sydd wedi'u cysylltu â dolennau, gyda phob dolen yn cynnwys pum bar o haearn, tair modfedd a hanner o led a modfedd o drwch.

Dec o goed a roddodd Telford i'r ffordd yn wreiddiol, gyda dwy haen o blanciau pinwydden a gynhaliai drydedd haen o blanciau lle gosodwyd y ffordd gerbydau a fetelwyd. Adnewyddwyd hon unwaith cyn gosod tarmac.

Above Thomas Telford, the genius behind the suspension bridge, which was built in 1826
Uchod Thomas Telford, yr athrylith a oedd yn gyfrifol am y bont grog, a adeiladwyd yn 1826

Above Telford's suspension
bridge is a masterpiece of
19th-century engineering
Uchod Mae pont grog
Telford yn dangos peirianneg
y 19eg ganrif ar ei gorau

Left The bridge's road deck
is suspended on a network
of iron chains and rods
Chwith Mae llawr ffordd
y bont yn hongian o
rwydwaith o gadwyni a ffyn
haearn

Above The toll house office
Uchod Swyddfa'r tolldy

Right The Bedroom
De Yr Ystafell Wely

LIFE AT THE END OF THE BRIDGE

'My principal motive for recommending comfortable toll houses [is that] by making the people comfortable you get respectable persons to take the tolls.'

Thomas Telford, 1830

For toll-keepers David and Maria Williams, their lives were lived at the end of the suspension bridge. This wasn't just a job; it was also their home, allowing them to attend to the bridge and its users 24 hours a day, every day of the year, come rain or shine. The toll house has been furnished to show how it might have been in 1891, when they occupied it.

When you enter the small cosy bedroom, the instrument hanging from the bed gives an indication of just how difficult and lonely this existence could be. The object in question is a 'kosh', and for the toll-keeper it was a weapon for protection. They could be called to the toll gate at any time in the night, and not all visitors could be relied upon to be honest.

Washer woman

In the daytime the couple lived as other families would. Maria, who at this time was 40 years old, eighteen years David's junior, would run the household. In the small kitchen to the back of the house she would cook and clean. The range would be constantly kept stoked. On one of the shelves you can see a Dutch oven, which she would have used to hang chops or sausages in to cook on the hearth. Maria also took in washing. She would walk along the bridge and into town to collect her weekly load. In the small kitchen she would scrub clothes clean. As there was no fresh running water, or a toilet, it was a time-consuming job.

BYWYD AR Y BONT

'Fy mhrif gymhelliad dros argymell tolldai cyfforddus [yw eich bod] trwy wneud y bobl yn gysurus, yn cael pobl barchus i gymryd y tollau.'

Thomas Telford, 1830

I David a Maria Williams, ceidwaid y tolldy, treulio'u bywydau ar un pen o'r bont grog oedd eu hanes. Nid swydd yn unig oedd hon; hwn oedd eu cartref, gan ganiatáu iddynt dendio ar y bont a'r rhai a'i defnyddiai 24 awr y dydd, bob dydd o'r flwyddyn, boed law neu hindda. Mae'r tolldy wedi'i ddodrefnu i ddangos sut yr edrychai ym 1891, pan oeddent yn byw yno.

Pan ewch chi i mewn i'r ystafell wely fach gysurus, mae'r offeryn sy'n hongian o'r gwely yn rhoi syniad i chi pa mor anodd ac unig y gallai bywyd fel hyn fod. Pastwn yw'r yr offeryn dan sylw, ac i geidwad y tolldy, yr oedd yn fodd i amddiffyn ei hun. Roedd yn bosib iddynt gael eu galw i agor y dollborth ar unrhyw adeg o'r nos ac nid oedd pob ymwelydd yn onest.

Golchwraig

Yn ystod y dydd, yr oedd y cwpl yn byw fel ag y gwnâi teuluoedd eraill. Maria, a oedd erbyn hynny yn 40 oed, ddeunaw mlynedd yn iau na David, a oedd yn rhedeg y cartref. Yn y gegin fach yng nghefn y tŷ, byddai'n coginio ac yn glanhau. Byddai'n gofalu hefyd fod y tân yng ngrât y gegin yn llosgi trwy'r amser. Byddai Maria hefyd yn cymryd dillad mewn i'w golchi. Byddai'n cerdded ar hyd y bont i'r dref i gasglu ei llwyth wythnosol. Yn y gegin fach, byddai'n sgwrio'r dillad hongian i sychu yn yr ardd fechan.

Top The toll house
Uchaf Y tolldy

Above The Kitchen
Uchod Y Gegin

21

The Parlour

With four young children who constantly played outside, bringing dirt back into the house, Maria also worked hard to keep one room clean and tidy, to be used only for 'best'. The toll house parlour was that room. The floor was made from wood discovered in 1989 under seventeen layers of tarmac on the bridge.

Organic gardening

Back then, David, originally from the nearby Conwy Valley, had already perfected the art of organic gardening. A gardener by profession, he kept the family diet supplemented with fresh vegetables grown just outside the house, and sold produce for extra income.

Taking tolls

The toll house was let to the Williamses for the year 1891–2. The letting was made by auction to the highest bidder for a period of one to three years, and the successful bidder then received a wage in return for collecting the tolls.

Tolls would be taken at the distinctive starburst gate. At the front of the toll house was a small office where David would issue the tickets and record the traffic passing through. The charges he made are listed on the board above the door and even cater for wheelbarrows as well as a score of pigs.

It wasn't just vehicles, people or animals that had to pay a toll. Any letters carried by the Chester to Holyhead mail coach were charged an extra one penny to cross. An indication of the value of this can be seen in the figure raised from postage charges at the Conwy and Menai suspension bridges – £101,708 between July 1826 and September 1836.

Y Parlwr

Gyda phedwar o blant a oedd yn chwarae'n barhaus yn yr awyr agored, ac yn cludo baw i'r tŷ, yr oedd Maria hefyd yn gweithio'n galed i gadw un ystafell yn lân ac yn daclus, i'w defnyddio fel ystafell 'orau' yn unig. Parlwr y tolldy oedd yr ystafell honno.

Garddio Organig

Yr oedd David, o Ddyffryn Conwy gerllaw yn wreiddiol, eisoes wedi perffeithio'r grefft o dyfu llysiau organig. Ac yntau'n arddwr wrth ei waith, cyfoethogai ddeiet y teulu gyda llysiau ffres a dyfai yn yr ardd fechan a gwerthai'r cynnyrch hefyd i gael incwm ychwanegol.

Casglu tollau

Gosodwyd y tolldy i'r teulu Williams yn 1891–2. Gwnaed hynny trwy ocsiwn i'r sawl a fyddai'n cynnig y pris uchaf am gyfnod o rhwng blwyddyn a thair blynedd, a byddai'r sawl a lwyddai'n derbyn cyflog am gasglu'r tollau.

Casglwyd y tollau ger y giat. O flaen y tolldy yr oedd swyddfa fach lle byddai David yn rhoi tocynnau i bobl ac yn cofnodi'r drafnidiaeth a fyddai'n pasio. Mae'r prisiau wedi'u rhestru drws uwch ben y tŷ ac maent yn cynnwys berfâu yn ogystal ag ugain o foch.

Roedd pobl ac anifeiliaid, yn ogystal â cherbydau, yn gorfod talu tollau. Codwyd un geiniog ychwanegol ar unrhyw lythyr a gludwyd gan y goets bost o Gaer i Gaergybi. Mae amcan o werth hyn i'w weld yn y swm a gasglwyd yn sgîl y taliadau post ar bontydd crog Conwy a Menai – £101,708 rhwng Gorffennaf 1826 a Medi 1836.

Above The toll house
Uchod Y tolldy

Above The toll-keeper
supplemented his income
by selling vegetables from
his garden
Uchod Roedd ceidwad y
tolldy'n ychwanegu at ei
incwm drwy werthu llysiau
o'i ardd

Left The bridge today is
reserved for pedestrians
Chwith Heddiw Mae'r bont
wedi ei neilltuo ar gyfer
cerddwyr

MOTOR VEHICLES TAKE THEIR TOLL

The advent of motorised vehicles gradually brought the decline of the suspension bridge and toll house. In 1910 only 29 per cent of income had come from motor vehicles. By 1930 it was 98 per cent. The last toll payment for cattle was in 1949 and for a horse-drawn cart in 1951.

By the 1950s, the process of crossing was painfully slow. The single carriageway crossing, the issuing of tickets and the congestion caused in town by its narrow streets were seen to cause unnecessary inconvenience.

The last toll

On Sunday, 30 November 1958, at 8.30pm, the last car travelled over the suspension bridge. The arrival of the present steel-arched bridge meant Telford's bridge no longer served a purpose. With the threat of demolition, the National Trust took over the bridge in 1965. A major programme of repair was carried out between 1988 and 1995 to conserve Telford's structure and lighten the loading on the chains, as later additions had tripled the suspended weight.

CERBYDAU MODUR YN MYND YN DRETH

Yn raddol, arweiniodd dyfodiad y cerbyd modur yn raddol at ddirywiad y bont grog a'r tolldy. Yn 1910 dim ond 29 y cant o'r incwm a ddaeth o gerbydau modur. Erbyn 1930 yr oedd yr incwm yn 98 y cant. Talwyd y doll olaf dros wartheg ym 1949 ac am gert wedi'i thynnu gan geffyl ym 1951.

Erbyn y 1950au, yr oedd y broses o groesi'r bont yn boenus o araf. Tybiwyd bod y ffordd gerbydau sengl, y broses o roi tocynnau allan a'r tagfeydd a gafwyd yn y dref oherwydd y strydoedd cul yn ddiangen o anghyfleus.

Y Toll olaf

Ddydd Sul, 30 Tachwedd 1958, am 8.30pm, croesodd y car olaf dros y bont grog. Yr oedd dyfodiad y bont o fwâu dur yn golygu nad oedd pwrpas bellach i bont Telford. Yn wyneb bygythiad i'w dymchwel, cymerodd yr Ymddiriedolaeth Genedlaethol y bont i'w gofal ym 1965. Cwblhawyd rhaglen sylweddol o atgyweiriadau rhwng 1988 a 1995 i gadw strwythur Telford ac i ysgafnu'r baich ar y cadwyni, gan fod ychwanegiadau diweddar wedi treblu'r pwysau yr oedd yn rhaid iddynt eu cynnal.

Above Telford's suspension bridge is flanked by the 1848 railway bridge (on the right) and the 1958 road bridge
Uchod Mae pont grog Telford rhwng pont reilffordd 1848 (ar y dde) a phont ffordd 1958